LERNE VON DEN BAUMEN

INMO

© 1990 Wilhelm Goldmann Verlag
© 2017 Moritz Boerner Verlag (boernermedia) München
Alle Rechte vorbehalten
ISBN 978-3-942498-33-3

Coverfoto von Brigitte Werner (pixabay)
3. Auflage

Wilfried von Manstein

Lerne von den Bäumen

EDITION INMO

Eine Meditation

Du hast einen Körper,
der funktioniert.
Du fühlst,
dass Du lebst,
in einer Umgebung,
die Dich schützt,
die Dich versorgt ...

Und Du hast viele Möglichkeiten,
wenn einmal Ordnung geschaffen ist.

Die Grundlage ist da,
der Same ist gelegt.
Der Same muss jetzt nur herausfinden,
wie der Baum aussehen soll,
der daraus werden wird.

Ein Menschenleben verläuft nach natürlichen
Gesetzen,
und dies sind nicht immer die Gesetze der Logik,
denn die Natur ist nicht logisch.
Die Natur ist intelligent,
und Du kannst von der natürlichen Intelligenz
lernen.

Bäume zum Beispiel
sind äußerst intelligente Lebewesen,
und so alt ...
Du kannst von Ihnen lernen,
zu leben, richtig zu leben.

Wenn Du Dir vorstellst,
wie ein Baum wächst,
wie er sich aus einem winzigen Samen entwickelt
...

Die Intelligenz ist schon im Samen:
Er findet den richtigen Boden,
er findet die richtige Umgebung.

Schau Dir Samen von Bäumen an:
Sie können sehr weit reisen,
manche haben kleine Fallschirme,
manche können segeln,
manche können wie ein Hubschrauber fliegen,
und manche lassen sich einfach nach unten fallen,
werden von Tieren gefressen,
und reisen in deren Magen und Darm,
zu neuen Plätzen.

Manche Samen sind leicht
wie weiße Wattebällchen, wie weiße Wölkchen ...
Sie fliegen weit übers Meer,
und andere reisen auf dem Wasser.
Sie schwimmen und schwimmen
zu fernen Inseln.

Die Samen der Bäume sind die ersten Reisenden
gewesen,
sie konnten die ganze Erde bevölkern,

selbst die kleinsten und fernsten Inseln.
Sie haben die Welt zivilisiert,
sie waren gute Kolonialisten.

Hubschrauber, Segelflugzeuge, Schiffe,
all das hat der Baum »erfunden«.
Der Mensch hat es nur nachgeahmt.

Ein Baum ist immer in perfekter Harmonie:
Er breitet seine Äste nur in dem Maße aus,
wie seine Wurzeln im Boden verankert sind.
Er ist immer im Gleichgewicht.
Er passt sich perfekt an.
Im Gebirge bleibt er klein,
und scheint auf den Felsen zu kriechen,
und in der weiten Ebene breitet er seine Krone
majestätisch aus,
hoch über dem Boden ...

Bäume sind auch perfekte Architekten, Statiker,
alles, was der Mensch auf diesem Gebiet weiß,
hat er ursprünglich vom Baum gelernt!
Schau Dir Kathedralen an:
Die alten Konstrukteure haben mit ihren Säulen

und Arkaden
nichts anderes getan,
als den Baum nachzuahmen.

Man scheint manchmal,
in einem Wald,
das Gefühl zu haben, man sei in einer Kathedrale.

Das ist die Stimmung, die der Baum verbreitet:
diese Ruhe, dieser Frieden,
dieses Gefühl, als ob die Welt ein Heiligtum wäre
–
und die Welt *ist* ein Heiligtum.

Wenn Du Dir klarmachst,
wie der Baum durch seine feinsten Wurzelspitzen
Nährstoffe aufnimmt,
das Wasser,
die Spurenelemente,
und wie er das alles aufsteigen lässt,
der Schwerkraft entgegen,
durch den Stamm und bis in die Äste und die
Zweige in die feinsten
Kapillaren der Blätter ...

Der Baum ist immer im natürlichen Gleichge-
wicht.
Seine Wurzeln
sind im Gleichgewicht mit der Krone.
Er wächst niemals höher,
als die Gesetze der Statik und der Hebelwirkung
und der Aerodynamik
es ihm erlauben.

Und er ist ein soziales Wesen:
Er duldet seine Freunde um sich herum.
Nicht, dass er andere Bäume zu dicht an sich her-
anlässt ...
es sei denn allerengste Verwandte,
aber er liebt es,
gemeinsam mit anderen
zu wachsen.

Die Bäume in einem Wald schützen sich gegen-
seitig:
Ein einzelner Baum kann nur selten überleben,
im Sturm, im Wind ...
aber ein Wald
ist ein Schutz

für alle Bäume,
die in ihm wachsen.

Bäume halten einen natürlichen Abstand.
Sie können sich perfekt an die Gegebenheiten anpassen.

Es gibt Bäume, die im sandigen Boden lange Pfahlwurzeln bilden,
es gibt Bäume, die ihre Wurzeln durch Felsen bohren,
es gibt Bäume, die flach in den oberen Schichten des Bodens wurzeln,
es gibt Bäume, deren Wurzeln zu kriechen scheinen,
in einer dünnen Humusschicht,
es gibt Bäume, die sich im Wasser wohlfühlen ...

Und auch den Jahreszeiten passen sie sich perfekt an,
im Frühling warten sie auf die Wärme,
auf die Sonne ...

wenn ein später Frost kommt, dann machen sie
einfach Pause
und treiben später weiter, schlagen aus, blühen ...

Im Herbst reifen die Früchte,
zu ihrer Zeit,
und der Baum kümmert sich nicht darum,
was mit den Früchten geschieht ...

Der Mensch versucht hauszuhalten
mit seiner Kreativität,
er möchte seine »Perlen nicht vor die Säue
werfen«,
der Mensch ist ein Geizkragen.

Der Baum ist intelligenter, er weiß:
Je mehr Früchte er erzeugt,
um so mehr neues Leben entsteht.

Du kannst diese Erfahrung machen:
Je mehr Du es fließen lässt,
je mehr Du verströmst,
je mehr Du verschenkst,
um so größer wird Dein Potenzial,

um so größer wird Deine Produktivität,
um so größer wird Deine Kreativität.

Schau Dir all die Blüten an, im Frühling,
Tausende, Millionen, Milliarden von Blüten.
Und alles
steht der Welt zur Verfügung,
dem Menschen, sich daran zu freuen,
den Bienen, sich damit zu ernähren.

Dieser Duft,
dieser Überreichtum ...
Wenn im Herbst die Früchte reifen:
Tausende von Äpfeln, Kastanien, Eicheln,
und jeder kann sich nehmen, was er möchte ...

Der Baum wünscht es sogar,
der Apfelbaum zum Beispiel weiß,
dass die Kerne woanders wieder
ausgeschieden werden,
dies ist seine besondere Art zu reisen ...

So entsteht neues Leben,
so verbreitet sich die göttliche Lebensenergie.

Manche Bäume
arbeiten geradezu darauf hin,
dass ihre Früchte gegessen werden,
sie locken Mensch und Tier mit leuchtenden
Farben,
rote, gelbe, blaue Früchte ...
aber erst, wenn die Früchte reif sind, werden sie
angemalt.

Die Mathematik, die Du in der Schule lernst,
zählt nichts für den Baum.
Sie ist falsch, schlichtweg falsch.

Ein Apfel
kann tausend Äpfel bedeuten, Millionen Äpfel,
Milliarden ...
dies ist die Mathematik der Bäume,
eine natürliche Mathematik,
eine Mathematik, nach der die ganze Welt funktio-
nieren könnte,
auch der Mensch.

Diese Mathematik ist nicht eindimensional,
bei der Potenzierung der Äpfel

spielt der Zeitfaktor eine Rolle,
spielen die Bedingungen eine Rolle.
Wie viele Äpfel aus einem Apfel entstehen,
hängt von den Bedingungen ab.

Und Du kannst Deine Bedingungen verbessern.

Deine Bedingungen verbessern sich
zum Beispiel dadurch, dass Du
Anderen gibst,
wie der Baum es tut.

Warum fühlt man sich so wohl im Wald?
Warum sitzt man gerne unter einem Baum?
Weil der Baum eine Atmosphäre verbreitet,
eine ruhige Atmosphäre,
eine Atmosphäre, die vom Göttlichen erfüllt ist.
Und warum kann der Baum diese Atmosphäre
verbreiten?
Weil er auf dieser besonderen Frequenz schwingt.

Setz Dich unter einen Baum,
genieße die Kühle des Schattens,
genieße den Schutz vor dem Regen,

genieße die Geborgenheit, die der Baum vermit-
telt.
Und Du kannst etwas von der Ausstrahlung
des Baumes in Dein Leben hineintragen.

Dazu gehört, dass andere Wesen
zu Dir kommen, Deinen Schutz suchen,
sich von Dir ernähren.

Der Baum liebt es, wenn der Specht
an seinem Stamm anklopft,
sich an den Käfern und Insekten labt,
und der Baum hat gar nichts gegen die Käfer und
Insekten,
er nimmt sie hin als Teil seiner Welt, seiner Krea-
türlichkeit,
als Teil seiner Natur.

Er liebt es, wenn die Vögel in seinen Zweigen
Nester bauen
und brüten
und zwitschern.

Hast Du schon einmal gesehen,
wenn Tausende von Vögeln sich auf einem einzigen Baum niederlassen?
Hast Du schon einmal einem solchen Konzert gelauscht,
am Abend,
wenn die Sonne gerade untergeht?

Der Baum vibriert
mit diesem Zwitschern
aus Tausenden von kleinen Kehlen und Schnäbeln.
Der Baum liebt alles,
was ihm geschieht,
er liebt es, wenn der Wind
seine Blätter streichelt,
er liebt das Rascheln, das Klingeln,
das Sausen der Wipfel ...

Hast Du schon einmal gehört, wie ein Tannenwald rauscht?
Hast Du schon einmal beobachtet, wie die Wipfel sich hin- und herbewegen,
schwingen, tanzen ...?

Es kann sein, dass der Baum den Wind benutzt,
um zu sprechen.
Setz Dich einmal in einen Wald und beobachte,
wie sich die Blätter bewegen,
auch wenn kein Wind geht.
Es ist, als ob der Baum Dir zuwinkt,
Dir versucht, seine Geschichte zu erzählen,
seine Millionen Jahre alte Geschichte.
Es ist, als ob der Baum versucht, Dich zu lehren,
Dich zu erziehen ...
Selbst bei absoluter Windstille kann es geschehen,
dass plötzlich ein einzelnes Blatt
zu zittern beginnt.
Und es erinnert an eine winkende Hand.
Vielleicht haben die Menschen
diese Geste von den Bäumen übernommen ...

Der Baum akzeptiert, was auch immer ihm ge-
schieht.
Er akzeptiert den Regen,
er akzeptiert die Sonne,
er akzeptiert
den Sturm,

er akzeptiert sogar den Blitzschlag!
Auch das ist Teil der Natur ...

Und er weiß: Ich werde wiederkommen,
Tatsache ist, dass ich schon da bin,
mein Bewusstsein ist längst
übergegangen auf die Samen,
die ich erzeugt habe ...

Die Natur schwingt mit meinem Bewusstsein,
und es kommt nicht darauf an,
ob ich als Individuum noch da bin oder nicht.

Es ist erstaunlich: Manche Bäume, die vom Blitz getroffen wurden,
beginnen nach einiger Zeit wieder zu treiben.
Und bis dahin kann es sein, dass der Baum eben Musik macht ...
Manche gespaltenen Stämme brummen im Wind,
knarren im Wind ...

Tatsache ist, dass die Bäume immer Musik machen,

die Schwingungen sind nur zu tief für unsere
Ohren.

Lerne von den Bäumen,
dieses Leben zu genießen,
diese Natur zu genießen
und diese Welt schöner zu machen.

Es ist kein Zufall,
dass die Bäume von dem Kohlendioxid leben,
das wir produzieren,
und dass wir vom Sauerstoff leben, den die Bäume
produzieren.

Es gibt eine Symbiose zwischen Mensch und
Baum.
Und es wäre Zeit für die Menschheit,
unseren Bruder, den Baum,
mehr zu achten, mehr zu lieben.
Es wäre Zeit für uns, seinen Geist
in uns aufzunehmen.

Es kann sein, dass die Bäume versuchen,
uns zu lehren,

weil sie auf uns angewiesen sind.

Es kann sogar sein, dass die Bäume uns heran-
gezogen haben,

als Gegenstück,

denn je mehr Menschen leben, um so mehr
Kohlendioxid wird produziert.

Wenn wir die Chance der Umkehr nicht wahr-
nehmen,

dann wird der Baum uns vielleicht wieder fallen-
lassen,

das Experiment Mensch beenden.

Ich bin sicher,

die Bäume haben die innere Ruhe,

das innere Gleichgewicht,

die innere Harmonie,

um jeden Sturm, jedes Unwetter,

jede Katastrophe

zu überstehen.

Jede Zelle des Baumes hat so viel Erfahrung,

hat so viel Wissen gesammelt,

ist so anpassungsfähig ...

Bäume sind unsere Freunde,
unsere Geschwister,
und sie beobachten unser Tun
lächelnd,
winkend.

Es gibt Bäume, die viele tausend Jahre alt sind,
gegen die Schwerkraft wachsen sie zum Himmel
und breiten ihre Fühler aus,
breiten ihre Antennen aus,
Antennen für die göttliche Energie.

Und sie sind so schön,
nie wirst Du einen hässlichen Baum finden.
Jedes Blatt ist ein Kunstwerk,
und im Herbst spüren es die Menschen besonders,
jeder Ast ist ein Kunstwerk,
jedes Stück Rinde ist ein Kunstwerk.

Wenn Du so natürlich bist, wie ein Baum,
dann wirst Du so schön, wie ein Baum.
Wenn Du so natürlich bist, wie ein Baum,
dann wirst Du so ruhig, wie ein Baum.
Wenn Du Dir das Wissen der Bäume aneignest,

wirst auch Du ein Empfänger für die göttliche
Energie,
wirst auch Du ein Beispiel, wie man die Materie
in Schwingung verwandelt.

Und der Baum ist nicht nur ein Empfänger für
göttliche Energie,
sondern er ist auch ein Sender.
Und jeder spürt es,
jeder Mensch wird religiös,
wenn er zum Beispiel diese unglaublichen,
domartigen Wälder der kalifornischen Redwoods
betritt.
Die Indianer wussten dies alles, die Redwoods
waren heilige Wälder.
Man mag dort niederknien,
wenn die Sonnenstrahlen schräg durch die riesi-
gen Kronen dringen.

Der Baum hat den Menschen herangezogen,
alles, aber auch alles verdanken wir dem Baum,
denn ohne Bäume hätte es niemals Feuer gegeben,
niemals Häuser gegeben,
niemals Dächer gegeben.

Die Erfindung des Rades war nur mit dem Holz
der Bäume möglich,
der Pflug bestand aus Holz
und die Flöte.
Ohne Holz hätte man das Papier nicht erfinden
können,
hätte man den Buchdruck nicht erfinden können,
hätte man kein Latex und kein Olivenöl.

Ohne Bäume gäbe es keine Kohle auf der Erde,
und die Bäume haben nicht so viel dagegen,
wenn wir sie verbrennen,
denn auch das erzeugt Kohlendioxid.
Sie haben nur etwas gegen sinnlose Verschwen-
dung
für hässliche oder nutzlose Dinge.

Die Menschheit wäre ohne Bäume nicht möglich
gewesen.
Aber, weißt Du es zu schätzen?
Gehst Du mit den Geschenken der Bäume ver-
nünftig um?

Und noch immer schützen und pflegen uns die Bäume,
sie schützen uns vor Erdrutsch und Lawinen,
sie halten den Humus mit ihren Wurzeln.

Wenn Du einen Hang hinaufkletterst, kannst Du es sehen,
wie ihre Wurzeln die Erde halten – quer zum Hang,
nicht etwa in Längsrichtung:
Sie bilden Treppenstufen,
der Baum hat sogar die Treppe »erfunden«.

Nichts auf der Welt ist so nützlich wie der Baum,
und es macht ihm Freude, nützlich zu sein.
Es ist offensichtlich, dass die Bäume es genießen,
schau sie Dir an:
in einer Gegend mit reiner Luft,
auf einsamen Inseln ...
solche Freude,
solche Schönheit,
wunderschöne, duftende Blüten.
Diese Feinheit,
diese Symmetrie,

diese Farben,
diese Ornamentik ...

Tatsache ist, dass alle Schönheit ursprünglich von
den Bäumen stammt.
Wo gibt es diesen Formenreichtum sonst?
Diese Vielfalt der Blätter, Zweige, Ranken,
Girlanden, Schnörkel ...
Ganze Kunstrichtungen sind entstanden durch
das Studium der natürlichen Formen des Baumes.
Die Kunst des Islam,
die mittelalterliche Kunst,
der Jugendstil ...
Der Baum hat unser ästhetisches Empfinden ge-
prägt.

So – lerne von den Bäumen in jedem Bereich,
ganz gleich, was es ist.

Lerne,
so fest im Boden zu ruhen,
sich so geborgen zu fühlen am Schoß der Mutter
Erde,
lerne,

Dich so perfekt anzupassen,
an jede Art von Boden ...

Lerne,
Dich so perfekt anzupassen,
an Zeiten
wie den Winter
oder an Dürreperioden.

Bäume können aus nichts etwas machen.

Es gibt Gegenden ohne einen Tropfen Wasser,
und doch mag es dort Bäume geben.

Lerne,
dieses Gleichgewicht herzustellen,
zwischen dem, was Dich im Boden festhält,
was Dir Heimat gibt,
was Dir Kraft gibt,
und dem, was Du dann im selben Maße
ausstrahlen,
geben kannst.

Wurzle im Boden
und wachse in den Himmel.
Verströme Deinen Duft,
Deine Blüten,
Deine Früchte,
breite Deine Flügel aus.

Werde sozial wie ein Baum:
die richtige Distanz, der richtige Abstand,
nicht zu weit und nicht zu nah.
Breite Deine Blätter in die Richtung der Sonne aus,
in die Richtung der Energie,
schicke Deine Wurzeln zum Wasser,
zu den Nährstoffen.

Und im Dunkeln falte Deine Blätter zusammen,
wie es manche Bäume tun.

Und setz dem Wind keinen Widerstand entgegen,
bleibe flexibel,
bleibe biegsam.

Biete dem Schutz, der ihn braucht,
werde eine Freude für die Welt,

ohne nach dem Lohn zu fragen,
ohne eine Gegenleistung zu erwarten,
einfach nur, weil Du selbst Dich freust.

Akzeptiere,
was auch immer Dir geschieht,
und werde so ruhig und gelassen
wie ein Baum.

Werde so flexibel, so biegsam wie der Baum.

Die göttliche Energie ist eine Schwingung,
und Schwingungen können etwas anderes nur
zum Schwingen bringen,
wenn es flexibel ist.

Eine starre Saite kann nicht schwingen.
Der Baum muss schwingen,
er könnte nicht leben, wenn er nicht schwingen
würde,
er müsste zerbrechen, wenn er nicht schwingen
würde.

Wenn Du so gerade und aufrecht gehst und stehst
wie eine Tanne,
dann kann die göttliche Energie in Deiner Wirbel-
säule schwingen.

Die alten Meister haben dies hervorgehoben,
die indischen Yogis ahmen mit ihrem Lotossitz die
Haltung der Bäume nach.
Du wirst niemals einen krummen Heiligen fin-
den.

Probiere es aus,
nimm eine Haltung ein, die der Haltung des
Baumes ähnelt,
und augenblicklich kannst Du das Strömen spüren

Dies muss das Gefühl sein,
das die Bäume immer haben,
wenn ihre Säfte im Stamm steigen
und die Wärme der Sonne in sie eindringt.

Trage Dein Haupt erhoben wie ein schlanker
Baum,
und Du spürst die göttliche Energie in Dir.

Der Baum ist ein wunderbarer Lehrmeister
des Lebens,
der Kreativität,
des Heiligen,
des Göttlichen,
des uralten Wissens,
der Transformation.

Der Baum verwandelt den Fels
in göttliche Energie.

Und wohlgemerkt,
er ist nicht religiös,
er meditiert nicht,
er glaubt nicht an Gott,
er betet nicht,
er lebt es einfach.
Er ist der wahre Alchimist,
er verwandelt das Grobstoffliche
in den Hauch, den Duft des Göttlichen.
Und vielleicht lässt ihn dies so alt werden,
nicht nur den einzelnen Baum,
sondern auch die Art.

Werde so schön wie der Baum,
so reich,
so zufrieden,
so wohlig,
so harmonisch.
Werde solch ein lebendiger Gottesbeweis,
preise die Schöpfung
durch Dein Da-Sein.

Nachwort

Der Text dieser »Meditation« ist der Same, aus dem am Ende mein Fantasy-Roman »Green net« entstanden ist.

Die (nur wenig veränderte) Urfassung wurde im Jahr 1987 geschrieben, also lange, bevor ein gewisser Hype um das »geheime Leben der Bäume« entstand.

Allerdings hatte ich wohl in den Siebzigern das Buch »Das geheime Leben der Pflanzen« gelesen, das damals Furore machte.

In den folgenden Jahren habe ich immer mal wieder einen Versuch gemacht, den Text zu veröffentlichen – ich erinnere mich an ein Treffen mit einem großen Verlag auf der Frankfurter Buchmesse, der ihn gerne für ein Fotobuch verwendet hätte. Keine Ahnung, warum daraus nie etwas wurde; vielleicht war die Zeit damals noch nicht reif. Ich hoffe, sie ist es jetzt!

Wilfried von Manstein

Anmerkung des Herausgebers: In seiner jetzigen Fassung erschien der Text später im Rahmen einer Sammlung von »Trance«-Texten im Goldmann-Verlag (»Das Tao der Trance«).

Wilfried von Manstein
»Green net« – eine magische Reise.

2016, Hardcover, 412 Seiten
Moritz Boerner Verlag
ISBN: 9783942498203
€ 22,80 [D]

     – erhältlich in allen Buchhandlungen und über:
      https://www.amazon.de/dp/3942498200 –

Taschenbuch € 14,80 [D], E-Book € 9,34 [D] nur bei amazon

www.ingramcontent.com/pod-product-compliance
Lightning Source LLC
Chambersburg PA
CBHW060645030426
42337CB00018B/3458